쓰면, 찾게 되지
내 진로

별쌤 이종희 지음

쓰면,

찾게 되지
내 진로

AI

writer

?

글담출판

나만의 꿈을 찾아 물음 여행을 떠나 볼까요?

어떤 삶을 살고 싶은가요?
편안한 삶은 어떤 삶인가요?
행복한 삶은 어떤 삶일까요?

왜 그런 삶을 살고 싶은가요?

"답보다 질문이 중요하다."는 말을 들어 봤나요?
먼저 질문을 해야 답을 찾을 수 있고,
제대로 된 질문을 해야 제대로 된 답을 찾을 수 있어요.
내가 나에게 하는 질문은 내가 나아가야 할 길을 밝혀 주는 안내자 역할을 합니다.

장래희망을 하나의 '답'으로 정해 놓지 마세요.
미래에 어떤 종류의 직업을 가질지 '답'을 정할 게 아니라
먼저 질문들과 마주하세요.
마음의 소리에 귀 기울여
그 질문들을 따라갈 때 비로소 후회 없는 답을 찾을 수 있습니다.

꿈을 발견하고 키워 가는 나만의 물음을 만들어 보세요.
묻고, 묻고 또 묻는 힘을 키워 보세요.

내가 좋아하고 관심 있는 것,
내가 잘할 수 있고 꾸준히 하고 싶은 것,
내가 고민하고 걱정하는 것을
하나의 물음 문장으로 가다듬어 보세요.

그 물음 문장을 손에 들고 자신에게 진지하게 물어 주세요.
그래서 내가 좋아하는 건 뭐지?
나는 무엇을 잘하지?
내가 오랫동안 꾸준히 하고 싶고 계속 배워 나가고 싶은 일은 뭘까?
하고 싶은 일을 하면서 생활을 꾸려 가려면 무엇을 준비해야 할까?
그래서 나는 어떤 삶을 살고 싶은 걸까?

꿈을 찾기 위해 나에게 질문을 던지는 일이
처음엔 어색할 수 있어요.

행복한 삶, 안정적인 삶, 돈 많이 버는 삶…….
내가 생각한 건, 내가 들어 본 건 기껏해야 이게 다인데, 하고 막연할 수 있어요.

그래도 괜찮아요.
지금이 꿈을 향한 물음을 시작하기에 가장 좋은 때예요.
지금은 조금 두루뭉술하게 느껴져도 계속해서 묻는 과정에서
차츰차츰 꿈이 그 모습을 구체적으로 드러낼 거예요.
별쌤이 그 걸음을 함께할 거예요.

꿈을 위한 물음 여행을 시작하는 나의 친구들을 축하하고 응원하며
별쌤 이종희

Q. 롤모델이 있나요?

Q. 좀 더 나은 세상을 만들기 위해 무엇을 하고 싶은가요?

Q. 기억에 남는 명언이나 구절이 있나요?

Q. 감동적으로 본 드라마나 영화는 무엇인가요?

— **취향 : 내 마음의 방향을 알려 주는 나침반**

Q. 나를 설레게 하는 '동사'를 찾아볼까요?

Q. 나를 설레게 하는 동사에는 어떤 공통점이 있나요?

Q. 가슴 뛰게 하는 동사를 찾아본 뒤 달라진 점이 있나요?

Q. 나는 무엇을 잘하나요?

Q. 내 삶의 성취 경험을 찾아볼까요?

— **다중지능 : 나의 강점지능 알아보기**

Q. 내가 생각하는 나의 강점지능은 무엇인가요?

— **핵심 가치 : 내가 살아가는 데 가장 중요한 가치 알아보기**

Q. 내 마음속 best 10 가치 단어는 무엇인가요?

Q. 'one thing', 가장 중요한 한 가지는 무엇인가요?

Q. 세상에 도움이 되는 일을 한다면?

Q. 돈을 얼마나 벌고 싶은가요?

Q. 진로를 결정할 때 돈(수입)을 얼마나 고려해야 할까요?

— **내가 살고 싶은 동네 : 꿈과 현실 사이에서 선택하기**

Q. 하고 싶은 일을 하면서 경제적 여유도 누리려면 어떻게 해야 할까요?

Q. 좋아하는 일을 해야 할까요? 잘하는 일을 해야 할까요?

part 1

궁금해,
내게 맞는 진로

Q. 어떤 삶을 살고 싶나요?

어떤 삶을 살고 싶나요? 떠오르는 대로 편하게 적어 봅니다. 내가 살고 싶은 삶은 어떤 삶인가요? 왜 그런 삶을 살고 싶은가요?

예) 나는 안정적이고 편안한 삶을 살고 싶다. 불안하고 고단한 삶을 살고 싶진 않다. 몸도 마음도 편안한 게 제일 좋으니까.

똥냥똥냥~.

Q. 행복한 삶은 어떤 삶인가요?

어떤 삶을 살고 싶다고 답했나요? 어떤 답을 했든 행복하게 살고 싶은 마음이 담겨 있을 거예요. 그런데 행복한 삶은 어떤 삶일까요? 되도록 구체적으로 적어 봅니다.

예쁜 디저트는 행복이징~.

Q. 나는 마침표의 사람인가요? 물음표의 사람인가요?

그렇게 생각하는 이유는 무엇인가요?

?! 나는 어떤 사람일까?

'수학은 어려워서 어차피 공부해도 안 될 거야.'
'우리 집은 가난해서 내가 하 고 싶은 건 아무것도 못해.'
'나는 자신감도 없고 별로 잘하는 것도 없는걸.'

위 문장은 모두 단정적인 마침표로 끝나요.
마침표를 찍고 사는 '마침표의 사람'은
이미 답을 정해 놓고 사는 것과 다름없어요.
한계를 딱 정해 놓은 거죠.
이는 나를 어떤 틀에 가둬 두는 것과 같아요.
틀에 갇히면 어떤가요.
마음이 답답하고 원하는 방향으로 나아갈 수도 없겠지요.
나도 모르게 이렇게 마침표를 찍는 생각을 하고 있지는 않나요?

'자신감을 키우려면 어떻게 해야 할까?'
'공부를 재밌게 할 수 있는 방법은 없을까?'
'몸도 마음도 건강하고 매력적인 내가 되려면 뭐부터 시작해야 하지?'

반면 이렇게 물음표를 가지고 사는 '물음표의 사람'이 있습니다.
할 수 없는 이유보다 어떻게 하면 할 수 있을지
방법을 먼저 찾아보는 사람이라고 할 수 있어요.

여러분도 한번 물음표로 생각을 해볼까요.
내 생각을 질문형 문장으로 바꾸어 보는 거예요.
질문을 하면 우리 뇌는 새로운 신경회로를 만들기 시작해요.
새로운 길이 생기는 거죠. 질문은 새로운 생각으로 이어지고
새로운 생각은 새로운 감정을 만들고 새로운 행동을 하게 해요.

'친구들과 잘 지내는 건 너무 어려워. 친구들은 날 좋아하지 않아.'라고 생각하는 대신
'친구들과 잘 지내기 위해 내가 할 수 있는 건 뭘까?'
'더 좋은 방법은 뭘까?'라고 물어보는 거죠.

물론 이렇게 묻는다고 해서 한 번에 해결책이 나타나지는 않을 거예요.
그래도 괜찮아요.
정답을 찾지 못해도 충분해요.
이렇게 질문하는 태도와 습관만 가져도 내 마음 상태가 달라져요.
마침표가 아니라 물음표로 생각하면 할수록 가슴이 뛰는 것을 느낄 수 있을 거예요.

마침표가 아니라 물음표로 생각할 때,
삶이 두근두근 기대돼요.

Q. 나는 제대로 질문하고 있나요?

제대로 된 답을 얻기 위해서는 질문을 잘해야 해요. 우문을 하면 절대 좋은 답을 찾을 수 없지요. 나는 평소 어떤 질문을 많이 하는 것 같나요?

힌트) 우문이다, 아니다 하고 딱 나눌 수 있는 기준이 있는 건 아니지만 주로 부정형 질문, 정답이 정해진 질문, 답을 찾아도 도움이 되지 않는 질문은 우문이라고 할 수 있어요.

"아, 진짜 날씨가 왜 이렇게 추운 거야?"

그러게요, 왜 이렇게 추울까요?

답은 정해져 있어요. 겨울이니까요. (^^)

대화가 약간 이상하지요?

그건 질문이 잘못돼서 그래요.

"우리 학교는 왜 이런 거야?" "우리 엄마는 왜 저러셔?" "왜 또 비가 오는 거야?"

이미 답이 정해져 있는 질문, 정말 궁금해서 하는 질문이 아닌

불평불만 수준의 질문을 '우문(愚問)'이라고 해요.

하나 마나 한 어리석은 질문이라는 거죠.

겨울이 왜 춥냐고 한 사람은 여름이 되면 또 뭐라고 할까요?

"날씨가 왜 이렇게 더워?"라고 하겠죠.

불평불만은 좋은 질문이 아니야~.

학년이 올라가도 시간이 흘러도 나의 마음 상태나 태도가 변하지 않고
여전하다면 나도 모르게 늘 비슷한 질문,
굳이 하지 않아도 될 질문을
반복하고 있는 건 아닌지 살펴봐야 합니다.

좋은 질문은 나를 조금씩 더 멋지게 만들어 줘.

서경덕 교수의 꿈을 발견하게 한 질문

'한국 홍보전문가' 서경덕 교수님의 이야기입니다. 교수님이 대학생이었을 때는 한국이 지금처럼 세계에 잘 알려지지 않았어요. 손흥민 선수도 김연아 선수도 BTS도 없던 시절이니까요.

해외로 배낭여행을 떠났는데 사람들이 자꾸 물어보는 거예요.
"일본 사람이에요?" "중국 사람이에요?"
자존심이 상한 그 순간 교수님의 머릿속을 탁 스치고 지나가는 '물음'이 하나 있었어요.

바로 '어떻게 하면 한국을 세계에 알릴 수 있을까?'라는 물음이었지요.

어때요? 우리라면 저 순간 어떤 물음을 떠올렸을까요? '내가 중국인처럼 생겼나?' '왜 자꾸 나라를 묻는 거지?' 등등의 생각을 하지 않았을까요? 우리와는 물음의 크기와 방향이 완전히 다르죠. 교수님은 이때부터 한국 홍보에 '꽂혀서' 해외 배낭여행을 갈 때면 가방에 태극기를 매달거나 한복을 입고 다녔다고 해요.

그러던 어느 날 유명한 박물관이나 국립공원에 한국어 해설 서비스가 없는 것을 보고 이렇게 관광객이 많이 찾는 세계적인 명소에 한국어 서비스가 제공되면 한국을 세계에 알릴 수 있겠다는 생각이 떠올랐습니다. 그리고 그날부터 국내의 수많은 기업을 찾아다니며 설득하기 시작했고 메트로폴리탄미술관, 뉴욕현대미술관, 미국자연사박물관 등에 한국어 안내 책자를 제작해 제공하는 프로젝트를 마침내 성공시켰습니다.

'어떻게 하면 한국을 세계에 알릴 수 있을까?'라는 하나의 물음을 통해 교수님의 진로가 새롭게 열리고 확장된 거예요.

2005년부터는 독도 광고를 본격적으로 시작하였는데요, 우리 친구들도 본 적이 있을 거예요. 《뉴욕 타임스》를 시작으로, 《워싱턴 포스트》 등에 독도 광고를 크게 싣는 등 지금까지 한국을 세계에 알리는 일을 하고 있어요.

물론, 서경덕 교수님처럼 내 길을 찾는 물음을 한 번에 만나기는 어렵습니다. 하지만 어떤 물음을 만나느냐는 나의 꿈과 진로를 결정하는 데 내단히 큰 영향을 미쳐요. 스스로에게 진솔하게 물어봅니다.

Dreams
Come
True

'내 꿈과 진로를 발견할 나만의 물음은 뭘까?'
잠시 책을 내려놓고 생각해 봅니다.

아직 떠오르는 물음이 없어도 괜찮아요. 하루아침에 물음의 고수가 되는 건
아니니까요. 어떤 삶을 살고 싶은지부터 떠올리며 질문을 이어 보세요.

'행복한 삶을 살고 싶어요.'
'행복한 삶은 어떤 삶일까요?'

'편안한 삶을 살고 싶어요.'
'왜 그런 삶을 살고 싶어요?'
'그냥, 돈 많이 벌어서 성공하려고요.'

여기서 더 깊이 들어가서 물어본 적이 없을 수도 있어요. 괜찮습니다. 그럴
수도 있어요. 이렇게 책 속 질문들을 징검다리 삼아서 묻고 답하며 연습해
가다 보면 내 물음의 크기가 달라지고 질문에 깊이가 생길 거예요. 자신에게
묻고 답하는 과정에 익숙해질 거예요. 그리고 내 앞길을 이끌어 주는 나만의
핵심 물음을 발견할 수 있을 거예요.

나도
꿈이 있다꽥-!

Q. 이순신의 직업은 무엇일까요?

우리에게 너무나도 유명한 이순신의 직업은 무엇이라고 생각하는지 적어 보세요.

신에게는 아직 열두 척의 배가
남아 있사옵니다.

'직'과 '업'을 구분해 볼까요?

"이순신 장군의 직업(職業)이 뭐죠?" 하고 물으면, 대부분 "당연히 장군이죠."
라고 답합니다. 공무원이라고 답하는 친구도 있어요. (^^) 모두 맞는 말입니
다. 이순신 장군의 직업은 무관, 즉 군인입니다.

이순신의 정확한 직책은 '삼도수군통제사'로, 지금으로 말하면 해군 참모총
장에 해당해요. 그러니까 이순신의 '직(職)'은 삼도수군통제사예요. 직이란 먹
고살기 위해 하는 일을 뜻해요. 은행원, 경찰관, 소방관, 건축가, 유튜버, 디
자이너 등 사회 안에서 내가 해내야 하는 역할을 의미합니다.

우리는 보통 진로를 떠올릴 때 이런 '직'에 관심을 갖고 알아봅니다. 하지만
진로에 대한 물음이 직종에만 국한되어서는 안 돼요.
오히려 중·고등학교 시기에는 '업(業)'을 발견하는 것이 더욱 중요합니다.
그렇다면 '업'이란 무엇일까요? 이순신 장군의 '직'이 삼도수군통제사였다면
'업'은 무엇이었을까요?

'업'은 다른 말로 '비전' 또는 '사명'이라고도 할 수 있어요.

'나라를 지키는 것!' 네, 맞아요. 이순신 장군의 '업'은 바로 나라를 지키는 것이었어요. '백의종군(白衣從軍)'이라는 사자성어를 들어 본 적 있나요? 벼슬 없이 말단 군인으로 전쟁에 나가는 것을 의미해요.

선조가 장군의 지위를 박탈했을 때 이순신은 "나는 장군으로 전쟁터에 나가든 병졸로 나가든 상관이 없다."라고 했어요. 왜일까요? 이순신의 사명과 비전은 '나라를 지키는 것'이었기 때문입니다.

다른 직업에도 똑같이 적용해 볼 수 있어요. '초등학교 선생님이 될 거야.'라는 다짐은 직종과 관련 있고, '아이들이 행복한 세상을 만들어야지.' 하고 마음먹는 것은 '업'과 관련이 있어요.

명사형 '직'보다 동사형 '업'에 집중해 봅니다.
'선생님'이라는 '직'이 명사형이라면 '가르치다', '배우나', '연구하나', '노움을 주다' 등의 '업'은 동사형이지요. '맡은 일'을 뜻하는 '직'은 명사형으로서 목표를 이루면 그 자체로 완성됩니다. '선생님이 되어야지.'라는 목표를 이루려면 교원 자격증을 따고 학교에 취직을 해야겠죠. 그리고 그 목표가 이뤄지면 그로써 '직'은 완료됩니다. 선생님이 된 거죠.
하지만 동사형 '업'은 달라요. 아이들을 안내하고 가르치는 일은 오랜 시간에 걸쳐 계속되지요. 업은 끝이 아니라 과정이에요.

내가 왜 이 일을 하는지, 어떤 삶을 살고 싶은지, 내 삶의 가치와 사명은 무엇인지……. 이렇게 진로나 비전과 밀접하게 연결된 생각을 하다 보면 나의 업을 발견할 수 있어요. 이 물음에 대한 답은 명사로 완결되지 않아요. 모두 '동사'로 계속되지요. 다음 예시로 살펴볼까요?

'나는 왜 선생님이 되고 싶을까. 선생님이 되어 어떤 일을 하고 싶지?'
→ 아이들과 자주 만나고 싶다(만나다).
→ 아이들이 행복하게 자랄 수 있도록 돕고 싶다(돕다).
→ 잘 가르치고 안내하고 싶다(가르치다, 안내하다).
→ 아이들이 조금 더 행복한 세상을 만들고 싶다(개선하다, 나아가다).

그리고 또 하나 생각해 볼 점은 명사인 '선생님'이 되는 것은 미래의 영역이라는 것이에요. 다가올 미래에는 전에 있던 직종이 없어지고 새로운 직업군이 생겨나는 등 다양한 변화가 생기고 그 속도도 더 빨라질 거예요. 물론 없어지지 않고 계속 존재하는 직종도 있겠지만 그만큼 변동성이 커진다는 거죠. 인공지능 시대에는 항공기 승무원, 농부, 세무사, 신문기자처럼 여러 분야의 직종이 없어질 거라는 이야기도 있어요.

초등학교 선생님이 될거야!

아이들이 행복한 세상을 만들어야지!!

반면에 '가르치다', '배우다', '연구하다', '도움을 주다' 등의 동사는 현재의 영역이에요. 오늘 당장 내가 경험하고 그 능력을 키워 갈 수 있어요. 매일 배울수 있고, 친구나 동생에게 내가 아는 것을 설명해 주거나 가르쳐 줄 수 있어요. 연구하거나 수집하는 것도 마찬가지죠.

또한 동사는 꼬리에 꼬리를 물고 다른 동사로 이어질 수 있어요. '가르치다'라는 동사는 '쓰다'라는 동사, '연구하다'라는 동사는 '기획하다', '창작하다'라는 동사와도 연결될 수 있어요.

이렇게 연결되고 확장되다 보면 '선생님'이라는 직종 한 가지에 한정되지 않고 강연가, 작가, 코치, 기획자, PD, 정치가, 예술가 등 다양한 분야로의 가능성이 열립니다.

교사이면서 작가가 된다거나 의사이면서 카페를 운영한다거나 유튜브 크리에이터를 하면서 사업가가 되는 등 동시에 두 가지 이상의 직업을 가질 수도있어요.

이렇게 동사형 '업'에 초점을 맞추면 미래의 어느 날 갖게 될 자격증이나직종으로서의 꿈이 아니라, 매일매일 발견하고 키워 가는 꿈과 만날 수 있어요.

'직'과 '업'을 구분해서 생각해 본 적이 있나요? 이렇게 구분해 보니 어떤가요?그 느낌을 한번 적어 보세요.

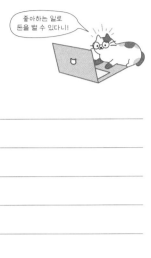

좋아하는 일로
돈을 벌 수 있다니!

Q. 내가 좋아하는 건 무엇인가요?

무엇이든 떠오르는 것을 자유롭게 적어 봅니다. 나는 무엇을 좋아하나요? 음식, 장소, 영화도 좋고, 음악 감상이나 운동처럼 좋아하는 활동도 좋아요.

Q. 나의 능력에 제한이 없다면 어떨까요?

나의 능력이나 재능에 제한이 없다면 진로나 꿈을 계획할 때 무엇이 달라질까요? 아무런 한계 없이 내가 모든 것을 할 수 있다면요? 자신도 모르게 정해 놓은 생각이나 상상의 한계가 있다면, 그 틀을 깨뜨려 봅니다.

Q. 요즘 특별히 하고 싶은 일은 무엇인가요?

하고 싶은 일이 있다는 건 마음에 에너지가 있다는 뜻이에요. 그 에너지가 어느 방향을 향하고 있나요? 무엇을 하고자 하나요?

예) • 몸을 좀 움직이고 싶어요. 운동을 해서 체력을 키우고 싶어요.

　　 • 뭔가 손으로 만드는 걸 해보고 싶어요. 종이접기나 목공예 같은 걸 배워 볼까 해요.

그런데 아무것도 하고 싶지 않을 수도 있어요. 괜찮아요. 누구에게나 그런 때가 있어요. 그럴 때는 충분히 쉬어요. 아무것도 하지 않고 가만히 있어도 좋습니다. 혹은 아무 생각 없이 30분 정도 그저 걸어 보는 건 어떨까요. 스마트폰으로 영상을 보거나 음악을 듣지도 않고요. 머리를 텅 비우고 고요하게 머무는 동안 하고 싶은 일이 떠오르기도 하거든요.

Q. 지금 당장 떠날 수 있다면, 가고 싶은 곳이 있나요?

평소 가보고 싶었던 곳이 있나요? 다른 나라도 좋고, 새로 생긴 디저트 카페처럼 호기심을 불러일으키는 장소도 좋아요. 공간에 대한 관심은 내 취향, 관심사, 현재 마음 상태를 보여 주기도 해요. 나도 몰랐던 나의 마음, 내가 흥미를 느끼는 것, 내가 일하고 살고 싶은 공간에 대한 힌트를 얻을지도 몰라요.

태양이 가득한 그곳으로 떠나고 싶다냥!

Q. 꼭 갖고 싶은 것이 있나요?

오랫동안 갖고 싶어 한 것이 있나요? 그 가운데 용돈을 모아서 기어코 손에 넣은 것이 있나요? 그것이 왜 그렇게 갖고 싶었나요? 지금 내게 가장 소중한 물건은 무엇인가요? 천천히 생각해서 적어 보세요. 꼭 갖고 싶어서 마침내 손에 넣었거나, 오랫동안 간직해 온 소중한 물건은 나에 대해 많은 것을 이야기해 주기도 한답니다.

Q. 꼭 만나 보고 싶은 사람이 있나요?

만나 보고 싶은 사람은 누구인가요? 그 이유는 무엇인가요? 어떤 사람을 만나고 싶고, 그 사람과 어떤 대화를 나누고 싶은지는 현재 나의 마음 상태나 고민을 간접적으로 알려 주기도 해요.

보고 싶었어~.

나도 나도!

Q. 롤모델이 있나요?

내가 닮고 싶은 롤모델이 있나요? 예를 들어 '패션'은 아이유, '삶의 방식'(가치나 철학)은 이효리, 자기 관리법은 '유재석'과 같이 각 영역에서 내가 닮고 싶은 롤모델이 있나요? 그 사람의 어떤 점을 매력적이라고 생각하는지 이유도 함께 적어 봅니다. 롤모델이 꼭 한 사람일 필요는 없어요.

예) 닮고 싶은 롤모델 : 우리 할아버지

이유 : 연세가 많으시지만, 세련된 멋쟁이. 꼰대처럼 잔소리하지 않고 늘 우리의 이야기를 경청해 주신다.

♣ 닮고 싶은 롤모델 :

이유 :

♣ 닮고 싶은 롤모델 :

    이유 :

♣ 닮고 싶은 롤모델 :

    이유 :

Q. 좀 더 나은 세상을 만들기 위해 무엇을 하고 싶은가요?

환경을 되살리는 기술을 발명하고 싶다거나, 사람들에게 감동을 주는 음악을 만들고 싶
다거나, 뭐든 좋아요. 거창하지 않아도 됩니다. 다투는 친구들의 화해를 돕고 싶다거나 가
족을 기쁘게 해주고 싶다는 바람도 훌륭합니다. 세상에 어떤 도움을 주고 싶은가요?

귀여움이 세상을 구하지.

Q. 기억에 남는 명언이나 구절이 있나요?

기억에 남고 마음을 건드리는 말이 있었다면 무엇인가요? 나도 저렇게 살고 싶다는 생각
이 들었다거나 의욕이 생겼다거나, 왠지 마음에 위로가 되었던 문장도 좋아요.

내 마음에 감명 깊게 다가온 말이나 문장은 내 삶에 자연스레 스며들고, 나만의 가
치와 철학, 취향을 만드는 토대가 됩니다.

아직 그런 문장과 만나지 못했다면 지금까지 봐왔던 분야의 책이나 영상에서 벗어
나 새로운 분야의 책이나 영상을 접해 보세요. 지금껏 몰랐던 나의 내면을 발견하
게 될지도 모르니까요.

Q. 감동적으로 본 드라마나 영화는 무엇인가요?

지금까지 본 드라마나 영화(애니메이션) 중에서 가장 감동을 받은 것은 무엇인가요? 혹은
가장 많이 반복해서 본 영상은 무엇인가요? 그 이유는 무엇인가요?

이 영화는 언제 봐도
너무 감동적이야~!

취향 : 내 마음의 방향을 알려 주는 나침반

청소년 시기에는 무엇인가를 '좋아해 보는 경험'이 매우 중요합니다.
영화나 책, 음악을 좋아하는 가운데 나만의 취향이 생기거든요.
누군가를 좋아해 보는 경험도 마찬가지예요. 존경하는 선생님이나 선배를
만나는 경험, 친구 혹은 연예인이나 운동선수를 좋아해 보는 경험도 소중하
지요.

물론 그 좋아함의 정도와 깊이가 아직 선명하지 않고 때로는 방향 조정이 필
요할 수도 있어요. 하지만 아주 작은 마음일지라도 좋아하는 것이 있다면 그
게 무엇인지 들여다보세요.

요즘 내가 입고 있는 옷들을 한번 살펴볼까요. 주로 어떤 스타일, 어떤 색의
옷을 입고 있나요? 가격이나 브랜드가 중요한 게 아니예요. 옷 하나를 선택
할 때도 크든 작든 나만의 취향이 반영된다는 것이 중요해요. 남들이 좋다고
하는 게 아니라 내 선호의 기준을 따라가는 거죠.

어떤 음악을 좋아하나요? '난 요즘 이런 음악이 좋아.'라고 표현해 보면 어떨
까요.
'계절 중에서 난 가을이 제일 좋아. 파란 하늘과 구름, 가을 햇살을 떠올리기
만 해도 기분이 좋아져.' '난 요즘 작은 카페들을 찾아다니는 게 참 좋아. 그

카페만의 특색을 보고 느낄 때 참 즐거워.'

우리는 좋아하는 것에 시간을 쓰게 되어 있고, 그 시간이 쌓이면 나만의 취향과 가치관이 싹틉니다. 그것은 우리의 길을 밝히는 디딤돌이 되어 주고 우리 생활을 풍성하게 해주지요.

신기하게도 좋아하는 경험이 쌓이면 쌓일수록 '좋아할 수 있는 능력'이 점점 커집니다. 그러면서 나의 세계도 넓어지지요.

좋아하는 능력이 커지면
내 세계도 넓어진다냥~!

Q. 나를 설레게 하는 '동사'를 찾아볼까요?

동사를 통해 내가 좋아하는 것을 알아볼 수 있어요. 꿈과 진로는 동사의 영역이라고 말했던 거 기억하지요? 경험해 보고 싶은 동사, 나의 일상을 가슴 뛰게 하는 동사 다섯 개에 동그라미를 쳐보세요.

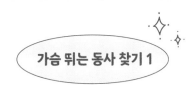

가슴 뛰는 동사 찾기 1

가르치다	경쟁하다	깨닫다	명령하다
간호하다	고치다	꾸미다	모으다
감독하다	공유하다	꿈꾸다	모험하다
감동시키다	관계하다	노래하다	믿다
감상하다	그리다	돌보다	쓰다
강화하다	기록하다	만들다	전시하다
건축하다	기르다	만족하다	코디하다
견디다	기억하다	만지다	키우다
결정하다	기획하다	말하다	

♣ 그 동사를 왜 선택했는지 스스로 물어보고 이유를 생각해 봅니다. 하지만 이유 없이 왠지 끌리는 동사가 있다면 동사만 적어도 괜찮습니다.

동사 :

이유 :

동사 :

이유 :

동사 :

이유 :

동사 :

이유 :

동사 :

이유 :

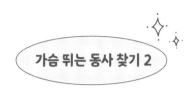

가슴 뛰는 동사 찾기 2

발견하다	상담하다	연구하다	의존하다
발명하다	상상하다	연기하다	이끌다
발전시키다	생각하다	연주하다	조각하다
방어하다	선택하다	연출하다	조직하다
번역하다	설득하다	열중하다	존중하다
보이다	성취하다	요리하다	주다
보호하다	세우다	용서하다	주장하다
봉사하다	소통하다	운전하다	주최하다
분류하다	수집하다	웃기다	준비하다
분석하다	안내하다	유지하다	진료하다

설득하다,
내 눈을 바라봐~.

동사 :   이유 :
동사 :   이유 :
동사 :   이유 :
동사 :   이유 :
동사 :   이유 :

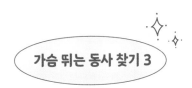

가슴 뛰는 동사 찾기 3

빛내다	이해하다	치유하다	향상하다
사랑하다	일하다	칭찬하다	협력하다
살다	즐기다	탐사하다	협상하다
설계하다	지속하다	탐험하다	확정하다
알다	지지하다	토론하다	활성화하다
약속하다	참여하다	판매하다	회복하다
얻다	창작하다	편집하다	훈련하다
여행하다	창조하다	평가하다	휴식하다
이끌다	채집하다	표현하다	희생하다
춤추다	항해하다	진료하다	

휴식하다~. ˙ᴗ˙

동사 :

이유 :

동사 :

이유 :

동사 :

이유 :

동사 :

이유 :

동사 :

이유 :

Q. 나를 설레게 하는 동사에는 어떤 공통점이 있나요?

선택한 동사들을 적은 후 성격이 비슷한 것끼리 모아서 분류해 봅니다. 그리고 그 동사들과 관련한 자신의 바람을 적어 봅니다.

같은 분류의 동사들	나의 바람
예) 치유하다, 상담하다, 고치다	사람들을 돕고, 치유하고 싶다.

우리는 삶을 명사가 아닌 동사로 경험합니다.
학생은 명사지만 학생인 우리의 일상은
배우다, 노력하다, 만나다, 놀다 등의
동사로 이루어져요.

상담사인 별쌤의 순간들은
(상대의 이야기를) 듣다, (마음을) 나누다, 치유하다, (함께) 고민하다 등의
동사로 경험되지요.

Q. 가슴 뛰게 하는 동사를 찾아본 뒤 달라진 점이 있나요?

나를 가슴 뛰게 하는, 내가 경험하고 싶은 동사를 찾아보니 어땠나요? 어떤 기분이 들었나요? 행동이 달라진 게 있나요? 나의 경험을 적어 봅니다.

난 혼자 하는 활동을
좋아한다는 걸 알게 됐어.

Q. 나는 무엇을 잘하나요?

무엇이든 떠오르는 것을 자유롭게 적어 봅니다. 나는 무엇을 잘하나요? 친구의 이야기를 잘 들어 준다, 정리 정돈을 잘한다, 물건을 잘 찾는다, 더위를 잘 참는다, 계란 프라이를 잘한다 등 뭐든 잘하는 것을 힘껏 찾아 적어 보세요.

목도리만 3년째……

1.

2.

3.

4.

5.

Q. 내 삶의 성취 경험을 찾아볼까요?

작은 성공 경험, 무엇인가에 집중했던 몰입 경험, 성장했다고 느꼈던 경험을 적어 봅니다. 누군가에게 칭찬이나 인정을 받았던 경험을 적어도 좋아요. 그 경험은 나에게 어떤 영향을 주었나요?

언제	성취 경험	그때 발견한 것이나 그 일이 준 영향을 적어 보세요.
예) 초등 5학년	글짓기 대회 학교대표 수상	글쓰기에 소질이 있다는 것을 알게 되었고, 자신감이 생겼다. 그 이후부터 글쓰기 대회에 더 진지하게 참가하게 되었다.

다중지능 : 나의 강점지능 알아보기

하버드대학교 교육심리학 교수인 하워드 가드너는 사람의 지능이 최소 여덟 가지 이상의 다양한 영역으로 이루어져 있다는 '다중지능(Multiple Intelligence)이론'을 제시했습니다. 그리고 기본이 되는 여덟 가지 지능 중 자신만의 강점지능을 발견하는 것이 중요하다고 주장했지요.

이제는 다양성의 시대입니다. 지능도 IQ 한 가지만 가지고 똑똑하다 아니다 말하던 시대는 이미 지나갔어요.

셀프 코칭을 통해 나의 강점지능은 무엇인지 들여다보고자 해요. 그 전에 여

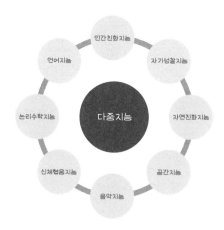

덟 개 지능이 무엇인지 함께 살펴볼까요?

♣ 인간친화지능

- 다른 사람의 기분이나 동기, 의도를 잘 이해하고 어울리는 능력.
- 친구들의 이야기를 잘 들어 주고 공감을 잘하는 사람, 주변 사람들과 관계 맺고 소통하는 능력이 뛰어난 사람은 인간친화지능(대인관계지능)이 높다고 할 수 있습니다.

♣ 자기성찰지능

- 자신의 생각과 느낌을 잘 이해하고 관리하며 조절하는 능력.
- 매일 일기를 쓰며 자신을 돌아본다거나 '나는 누구이고 무엇인가?' 하는 물음을 갖는 사람, 자신의 내면을 잘 알아차리는 사람은 자기성찰지능이 높다고 할 수 있습니다.

♣ 자연친화지능

- 자연과 환경에 대한 관심이 많고 생물을 관찰하고 분류하는 능력.
- 동물과 식물 등 자연을 좋아하는 사람, 늘 자연과 가까이에 있는 것을 즐기는 사람, 곤충 관찰하기, 식물 기르기, 동물과 교감하기 등을 잘하는 사람은 자연친화지능이 높다고 할 수 있습니다.

♣ 공간지능

- 도형, 그림, 입체, 지도 등을 구상하고 창조하는 능력.
- 건축가, 미술가, 발명가 등과 같이 추상적인 것을 시각적으로 잘 표현하는 사람, 축구 선수처럼 자신이 있어야 할 위치를 잘 파악하는 사람, 길을 잘 찾고 장소를 잘 기억하는 사람은 공간지능이 높다고 할 수 있습니다.

♣ 음악지능

- 가락, 리듬, 소리 등의 음악을 잘 구분하며 자신의 감정을 음악적으로 표현하고 창조하는 능력.
- 여러 개의 음의 차이를 정확하게 인식하거나 목소리 또는 주변의 소리를 잘 구분하는 사람, 노래를 잘하거나 악기를 잘 다루는 사람은 음악지능이 높다고 말할 수 있습니다. 악기 조율을 잘하거나 드럼이나 탬버린 같은 타악기로 박자를 잘 맞추는 것도 높은 음악지능의 특성입니다.

amor fati~

♣ 신체협응지능

- 춤, 운동, 연기 등을 잘 익히고 생각과 느낌을 몸으로 표현하는 능력.
- 제스처가 다양하고 신체적 활동을 잘하는 사람, 어려운 춤 동작을 보고 잘 따라 하는 사람, 몸으로 자신의 감정을 표현하길 좋아하고 스포츠나 무용에 재능이 있거나 손재주가 있는 사람은 신체협응지능이 높다고 할 수 있습니다.

♣ 논리수학지능

- 숫자나 규칙, 명제 등을 잘 익히고 논리, 수학, 과학 등을 잘 이해하고 풀어가는 능력.
- 복잡한 수학 계산과 과학적 사고를 잘하는 사람, 논리, 분석, 추론 등을 활용해 문제해결을 잘하는 사람은 논리수학지능이 높다고 할 수 있습니다.

♣ 언어지능

- 말과 글로 자신의 생각과 느낌을 잘 표현하는 능력.
- 말하기를 좋아하고 말로써 표현하는 능력이 좋은 사람, 이야기를 잘 만들고 글쓰기를 잘하는 사람은 언어지능이 높다고 할 수 있습니다.

Q. 내가 생각하는 나의 강점지능은 무엇인가요?

각 지능에 대한 정의와 설명을 보면서 '나는 이 지능이 높은 것 같아.'라고 생각한 것이 있다면 세 가지를 선택해 봅니다. 선택한 지능이 다른 지능보다 더 높다고 생각한 근거도 함께 적어 봅니다.

♣ 나의 강점지능 best 3

(   ) 지능

근거1:

근거2:

한 번 가본
길은 다 기억해.

(   ) 지능

근거1 : _____

_____

_____

근거2 : _____

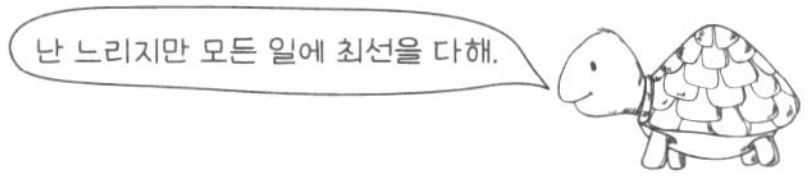

_____

_____

난 느리지만 모든 일에 최선을 다해.

(   ) 지능

근거1 : _____

_____

_____

근거2 : _____

_____

_____

강점지능이라고 해서 상위 몇 %에 들 만큼
아주 잘해야 하는 건 아니에요.
손흥민 선수나 김연아 선수처럼 최상위 1%에 속하지 않아도
신체운동지능이 높다고 말할 수 있어요.
다른 사람과 비교하기보다는 스스로 생각했을 때
여덟 개 지능 중에서 다른 지능보다 '아주 조금'이라도
더 높다고 생각되는 것이 있다면 그것이 나의 강점지능입니다.

핵심 가치 : 내가 살아가는 데 가장 중요한 가치 알아보기

우리의 물음 여행이 이제 깊은 곳까지 도달했네요. 가치는 모든 물음의 시작이자 삶의 방향과 태도를 결정하는 가장 중요한 주제입니다.

자신이 중요하게 생각하는 핵심 가치를 찾아보세요. 지금부터 살아가는 데 내게 가장 중요한 가치는 무엇인지 알아보고, 그 가치가 의미하는 바가 무엇인지를 살펴보려고 해요.

다음에 소개하는 가치 단어 가운데 내가 선호하는 가치에 모두 동그라미를 칩니다. 개수는 상관없어요. 만약 원하는 단어가 없다면, 빈칸에 추가로 써 넣은 후 동그라미를 쳐도 좋아요.

변화에 빠른 적응

신용	소신	정직	존중	봉사	친절
확신	믿음	진실함	자발	헌신	자율
숨김없는	신뢰	신앙	협력 / 팀워크	화합 / 연대	배려
미래지향	성취	용기	상상력	개척	탁월함
집념	열정	야심	변화	창조	혁신
모험적인	활기찬	진취	지혜 / 현명함	직관 / 통찰	창의
단호함	중용	다양성	단순	책임	정확
의욕	긍정	근면 / 성실	규칙	완벽	신중
유연성	이해심	인내 / 끈기	질서 / 정리정돈	아름다움	청결
배움	안정				

자유	겸손	성장 / 발전	직설적	영향력	권위
예의 / 공손함	사랑	온화	자신감	성공	카리스마
감사	가족적인	다정다감	설득력	역량	목표달성
진심	흥미	놀기	효율성	금전 / 부	실용성
기쁨	행복	즐거움	숙달된	유능함	유산을 남기는
만족	유쾌	재치	목적의식	공정함	강력함
조용함	태평함	초연함	공평	우정	담대함
느긋함	건강	평화	독립	정의	주도성
자아성찰	성숙	사려 깊음	절도 있는	절제	추진력

Q. 내 마음속 best 10 가치 단어는 무엇인가요?

동그라미를 친 가치 단어 중에서 가장 중요하다고 생각되는 단어 열 개를 고른 뒤 우선순위를 정해 봅니다.

1.

2.

3.

4.

5.

6.

7.

8.

9.

10.

배움을 게을리하면 안 돼!

Q. 'one thing', 가장 중요한 한 가지는 무엇인가요?

잘 떠오르지 않나요? 그렇다면 다른 건 다 없어도 이것 하나만 있으면 된다고 생각되는 것을 떠올려 보세요. 내게 가장 중요한 한 가지는 무엇인가요? 그 한 가지가 내게 어떤 의미인지 구체적으로 적어 봅니다.

예) 내게 가장 중요한 한 가지 가치를 정해 보자면 '긍정'이다. 긍정이 있으면 힘든 일이 있어도 이겨 낼 수 있고 또 앞으로 어떤 일을 하든 긍정적인 태도로 잘 헤쳐 나갈 수 있으리라고 생각한다.

참을 인......

사람마다 중요하게 생각하는 가치는 달라요.
내게 가장 중요한 가치가 무엇인지 알면
내가 나아갈 방향을 정하는 데 도움이 될 거예요.

어떤 친구에게는 '배움'이 가장 중요할 수 있어요.
그런 친구는 더 많은 것을 알고 싶어 하고,
어떤 일에서든 배울 점을 찾으려 노력할 거예요.
그렇다면 연구원이나 학자처럼 늘 배우고
익힐 수 있는 분야로 진로를 고려해 보면 좋을 거예요.

또 변화보다 안정이 중요하다고 생각하는 친구도 있을 수 있어요.
그런 친구는 자신이 추구하는 안정이 구체적으로
무엇인지 살핀 후 진로를 탐색해 보면 좋아요.
안정적인 진로의 대표적인 예로는 공무원 등을 들 수 있어요.

어려운 사람들을
도와주고 싶어.

Q. 세상에 도움이 되는 일을 한다면?

내가 가진 강점과 내가 소중하게 생각하는 가치를 연결해서 세상에 도움이 되는 일을 한
다면 어떤 일을 하고 싶은가요?

♣ 나의 강점

♣ 소중하게 여기는 가치

♣ 어떻게 연결할 수 있을까?

Q. 돈을 얼마나 벌고 싶은가요?

돈에 대해 생각해 본 적이 있나요? 평소 돈에 대한 나의 생각과 느낌을 솔직하게 적어 보세요. 그리고 어른이 되어 경제적 독립을 한다면 돈이 얼마나 필요할지, 또 돈을 얼마나 벌고 싶은지도 적어 봅니다.

티끌 모아 태산!

Q. 진로를 결정할 때 돈(수입)을 얼마나 고려해야 할까요?

진로를 선택할 때 돈(수입)을 얼마나 고려해야 할까요? 얼마를 버는지와 상관없이 적성이
나 능력만을 고려해 진로를 고민하고 선택해야 할까요?

내가 살고 싶은 동네 : 꿈과 현실 사이에서 선택하기

내 마음을 솔직하게 알아보기 위해 가상의 동네를 만들어 봤어요. 1번 동네에서는 하고 싶은 일은 하지만 경제적인 여유가 없어요. 2번 동네에서는 돈은 벌지만 내가 진짜 하고 싶은 일은 못 해요. 우리 부모님 세대는 '경제적 여유'가 더욱 절실한 시대를 살았기 때문에 많은 어른이 2번 동네에 살고 싶어 했어요.

3번 동네에서는 하고 싶은 일도 못 하고 경제적 여유도 없어요. 4번 동네에서는 하고 싶은 일을 하며 경제적 여유도 누려요.

우리는 당연히 4번 동네에 살고 싶지요. 하고 싶은 일을 마음껏 하면서 경제적으로도 여유 있고 나아가 주변에 좋은 이웃이 되어 줄 수 있다면 정말 좋겠지요.

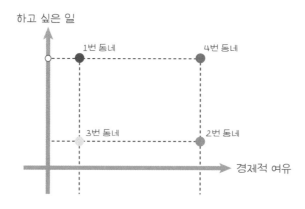

Q. 하고 싶은 일을 하면서 경제적 여유도 누리려면 어떻게 해야 할까요?

바로 답이 떠오르지 않아도 괜찮아요. 쉽게 답을 찾을 수 없는 질문이기도 하니까요. 이 물음을 마음속에 품고 있는 것만으로도 원하는 삶을 찾아가고 살아가는 데 도움이 될 거예요.

『열두 살에 부자가 된 키라』(보도 섀퍼 지음, 을파소)라는
책을 보면 이 물음에 대한 답이 나와요.

"내가 할 수 있는 일, 나의 재능을 통해서
'사람들이 문제'라고 생각하는 것을 해결해 줘라."

키라는 사람들이 문제라고 생각하는 일이 뭔지 생각합니다.
그리고 다음의 방법들을 떠올리지요.
"애완견 산책을 매일 시켜 주고 싶은데 상황상
그러기 어려운 사람들을 도와주자.
나는 동물을 좋아하고 잘 돌보기도 하니까."
키라는 이렇게 처음 용돈을 벌게 된답니다.

혹시 떠오르는 좋은 아이디어가 있나요?
한번 적어 보고 도전해 볼까요?

Q. 좋아하는 일을 해야 할까요? 잘하는 일을 해야 할까요?

좋아는 하는데 그 일을 잘하지 못하면 어떻게 해야 할까요? 꿈과 진로를 생각할 때 좋아하는 일과 잘하는 일 중에 어디에 무게를 둬야 할까요? 생각을 자유롭게 적어 봅니다.

좋아하다 보면 잘하게 되기도 하고
잘하다 보니 좋아하게 되는 일도 있어요.
물론 좋아하는 일을 잘하게 되는 경우가 가장 좋을 거예요.
좋아하는 일이 직업이 되었다는 뜻의 '덕업일치'라는 말도 있잖아요.

그런데 좋아한다, 잘한다의 기준을 조금 더 냉정하게 살펴볼 필요가 있어요.
일은 전문성의 영역에 해당해요.
싫어도 참고 해내야 하며 성과를 내야 해요.
스포츠에서만이 아니라 직업의 세계에서도
냉정하고 치열한 승부가 펼쳐지거든요.

예를 들어 내가 축구를 좋아한다고 해봐요.
그런데 매일 네 시간 이상씩 운동하고 단련해도
즐거울 만큼 좋아하는 건 아니에요.
일주일에 한두 번, 몇 시간 뛰는 것만으로 충분히 만족스럽다면
그것을 직업으로 선택해도 될지 다시 한번 진지하게 생각해 봐야 해요.
설령 호된 훈련을 견딜 수 있다고 해도 실력은 냉정하게 판단해야 해요.
노력한 만큼 실력이 향상되지 않는다면 안타깝지만
축구는 동아리 활동이나 취미로 해도 충분할 거예요.

요즘은 취미와 직업의 구분이 없어지고
있는 분야도 많아졌지만, 참고하면 좋겠습니다.

Q. 내가 싫어하는 것은 뭔가요?

내가 좋아하고 잘하는 것이 무엇인지 잘 모르겠나요? 그렇다면 물음의 방향을 한번 바꿔서 생각해 보는 것도 방법입니다. 내가 싫어하는 것, 힘들어 하는 것은 무엇인가요? 가장 참기 힘든 것은 무엇인가요?

예) • 수학은 너무 어렵고 힘들다. 수학을 하지 않아도 되는 일을 하고 싶다.

• 남이 하라는 대로 따라야 하는 건 참기 힘들다. 자유롭고 창의적인 일을 하고 싶다.

진로 선택의 핵심 : '70:30의 법칙'

아무리 좋아하는 일이라고 해도 그 안에는 싫고 힘든 부분이 반드시 있어요. 이를 '70:30 법칙'이라고 부릅니다.

자기계발 멘토이자 174만 구독자를 보유한 유튜브 크리에이터 김미경 강사를 방송에서 본 적이 있나요? 솔직하고 유쾌한 입담으로 유명한 분으로, 한 번쯤 본 적이 있을 거예요.
그분은 대중 앞에서 강의하는 것을 가장 좋아한다고 합니다. 반면 가장 싫어하는 일은 무엇일까요? 바로 강의 준비로, 그렇게 힘들고 싫을 수가 없다고 해요. 자료를 찾고, 예전에 했던 내용과 중복되지 않는지 확인하는 등 일이 이만저만 힘든 게 아니라고 합니다. 가장 좋아하는 일에도 힘든 부분이 있는 것이지요.

또 방송국 PD들은 자기만의 프로그램을 만들어 간다는 보람이 있지만, 시청률에서는 자유로울 수 없습니다. 한 프로그램을 만드는 데 엄청난 예산이 들어가는 만큼, 부담감과 책임감 역시 만만치 않고요.

이렇듯 어떤 영역을 선택해도 내가 좋아하는 70~80%와 하기 싫고 힘든 20~30%가 항상 공존합니다. 나를 힘들게 하는 20~30%를 포함하더라도

이 일을 꾸준히 오래 해 나가고 싶다, 그럴 수 있겠다 싶은 일을 발견하는 것이 진로 선택의 핵심입니다.

훈련은 힘들지만, 축구를 계속하고 싶어.

Q. 70:30의 법칙을 나에게 적용해 볼까요?

요즘 내가 하고 있는 일이나 좋아하는 일을 하나 선택해서 70:30의 법칙을 적용해 볼까요? 어떤 친구는 기타를 새로 배우기 시작했는데 재밌기도 하고 힘들기도 하다고 해요. 이렇듯 떠오르는 것이 있다면 적어 봅니다.

손이 아파도
즐거움이 더 크지!

Q. '적성'이란 무엇일까요?

적성에 잘 맞는다고 생각한 일이 있나요? 혹은 아무리 오랫동안 해도 지겹게 느껴지
지 않고 즐거웠던 일이 있나요? 그 일을 하면서 보람이나 기쁨을 느꼈나요? 어떤 부
분에서 그랬나요?

보람과 기쁨

적성의 사전적 정의는 '어떤 일에 알맞은 성질이나
적응 능력, 또는 그와 같은 소질이나 성격'입니다.

진로 선택을 위해 적성 검사를 하기도 하는데요,
검사와 전문가의 해석 등에 도움을 받을 수는 있지만
내 적성은 결국 내가 찾을 수밖에 없습니다.

어쩌다 보니 동생을 돌보게 된 친구가 있었어요.
처음에는 너무 힘들었는데 하다 보니
오히려 힘을 받는 기분이 들더라는 거예요.
그 일 이후로 돌보고 살피는 일이
자신의 적성이라는 사실을 깨닫고는
나중에 유아교육학과에 들어갔지요.

70:30의 법칙에 대해서도 얘기했듯이
싫고 힘든 부분이 있더라도
그 과정에서 계속 즐거움과 동기를 찾을 수 있다면
그게 적성이라고 할 수 있어요.

어쩌면 적성도 딱 정해져 있는 것이 아니라
내가 만들어 가는 것 아닐까요?

Q. 부모님이 바라는 직업이나 진로 방향이 있나요?

부모님이 평소 여러분에게 바라는 진로가 있나요? 그것이 내가 나아가고 싶은 방향과 일치하나요? 만약 다르다면 나는 어떻게 대처할 것 같나요? 혹시 지금 그런 상황에 처했다면 어떻게 대처하고 있나요?

응원할게!

열정 : 파고드는 힘, 지속하는 힘에 대하여

좋아하는 일, 잘하는 분야를 발견했다 해도 한 가지 더 꼭 필요한 것이 있어요. 바로 열정인데요. 많은 사람이 성공적인 진로 선택에서 열정을 중요한 요소로 꼽아요.

열정이란 무엇일까요?
시간이 아무리 흘러도 좋아하는 마음을 잃지 않고 그 일을 지속할 수 있는 힘, 그 분야를 깊이 파고드는 힘을 열정이라고 할 수 있어요.

'내가 이 분야를 얼마나 파고들 수 있을까?'
'내가 이 일을 얼마나 오래 즐기며 계속할 수 있을까?'

스스로에게 이런 질문을 던져 봐야 해요.
자신의 열정을 점검해 보는 거죠.

시간이 흘러도 좋아하는 마음을 잃지 않아야,
일을 하며 부딪히게 되는 숱한 어려움 속에서도 무언가 이루어 낼 수 있어요.
성공한 사람들은 저마다 성공하기까지 자신들이 얼마나 오랜 시간 노력해 왔는지를 이야기해요. 이렇게 힘든 시간을 견뎌 내고 그 일을 지속하도록 해 주는 힘이 열정이에요.

이 일을 얼마나 하게 될지 처음부터 아는 사람은 아무도 없어요.
다만 스스로에게 질문하면서 경험을 쌓아 가다 보면
어떤 일을 지속하고 있는 나를 만날 수 있을 거예요.
내 안에 담긴 열정도 함께 말이지요.

Q. 내 마음대로 5가지 직업을 선택할 수 있다면?

미래에 내가 다섯 개의 직업군을 마음대로 선택할 수 있다면 그 직업을 선택한 이유
는 무엇인가요?

1.

2.

3.

4.

5.

사라지는 직업, 떠오르는 직업

미래 직업에 대한 전망은 늘 있어 왔어요. 앞으로 어떤 직업이 유망하고 어떤 직업은 힘을 잃어 갈 거라는 이야기 말이에요. 특히나 기술이 발달하고 AI의 성능이 나날이 개선되는 요즘에는 그러한 예측이 더 많이 등장하고 있어요. 어떤 직업에 대해서는 몇 년 안에 사라질 것이라는 어두운 예측을 하는 반면, 지금까지 없었던 직업이 새로 생겨날 거라는 전망도 있어요.

2023년에 세계경제포럼에서 설문 조사를 한 결과에 따르면 AI 관리·사용 등을 위한 핀테크 엔지니어, 데이터 분석가, 과학자, 기계학습 전문가, 사이버 보안 전문가 등의 일자리가 앞으로 5년 동안 크게 늘어날 것으로 분석되었어요.
반면 은행 및 관련 사무원, 우체국 사무원, 출납원 및 매표원, 데이터 입력 사무원 등은 기술로 대체될 직업으로 분류되었고요.

여러분의 생각은 어떤가요?
여러분이 성인이 되었을 때는 직업의 세계가 어떻게 바뀔 것 같나요?
미래에 늘어날 것 같은 일자리 가운데 관심이 가는 것이 있나요?

진로를 고민할 때 지금 내가 무엇을 좋아하고 잘하는지 살피는 것도 중요하지만, 이렇듯 미래까지 멀리 내다보며 시야를 넓혀 볼 필요가 있습니다.

이런 이야기를 하면 수학과 과학을 싫어하는 문과 친구들은 한숨을 쉬곤 합니다. 걱정하지 마세요. 세상이 나아가고 있는 방향 속에서 내게 맞는 진로를 탐색하다 보면 낯선 미래에 대한 두려움이 기대감으로 바뀔 거예요.

Q. 외국에서 할 수 있는 일은 무엇이 있을까요?

나의 꿈과 진로를 한국에만 한정하지 말고 전 세계를 배경으로 생각해 볼까요?

예) 외국에서 한국어 강사로 일하면서 여행 가이드 하기

나는 외국 체질~!

꼭 진로나 꿈의 방향을 우리나라에서만 찾지 않아도 돼요.
미국에서 변호사를 할 수도 있고,
발리에서 식당을 할 수도 있어요.
한 대안학교 선생님은 필리핀에 학교를 세우고
한국과 필리핀을 오가며 교육을 하고 계시기도 하답니다.

Q. 취직을 하고 싶은가요? 창업을 하고 싶은가요?

진로라고 하면 우리는 보통 어떤 회사에 들어가 직장인이 되는 선택지를 가장 먼저 떠올립니다. 하지만 창업이라는 다른 선택지도 있답니다. 창업에 대해 생각해 본 적이 있나요? 나는 무엇을 더 선호하나요?

멋진 아이디어만 있으면
나도 사장이 될 수 있지!

나의 '업'을 발견하고 키워 가다 보면

그에 알맞은 '직'을 선택할 수도 있지만

내가 직접 그 '업'을 실현하는 사업을 시작할 수도 있어요.

Q. 내가 만약 창업을 한다면?

창업에 대한 그림을 조금 더 구체적으로 그려 볼까요? 창업을 한다면, 도전해 보고 싶은 분야나 일이 있나요?

예) 나만의 디저트 카페를 열고 싶다. 내가 정성껏 구운 디저트를 사람들이 먹으며 즐거운 시간을 보낸다면 뿌듯할 것 같다.

내가 정성껏 만든 디저트

창업이라고 하면 거창하게 느껴지지만
사실 그렇게 대단하기만 한 일은 아니랍니다.
예를 들어 이스라엘은 누구나 아이디어만 가지고 있다면
서너 명의 친구와 함께 창업하는 경우가 흔해서
'창업 천국'이라고 불리기도 하지요.

Q. 나만의 드림트리를 만들어 볼까요?

지금까지 다양한 진로 질문을 통해 알아본 내용을 하나의 이미지로 표현해 보세요. 꿈과 진로에 대한 지금까지의 경험, 물음을 통해 만난 생각을 하나의 이미지로 표현해 보는 것이 핵심입니다.

♣ 드림트리 만드는 법

1. 뿌리, 줄기와 가지, 잎과 열매로 이루어진 나무를 그립니다.
2. 뿌리-나의 강점지능, 토양-나에 대한 칭찬, 가지-내가 찾은 가슴 뛰는 동사, 잎사귀-성취 또는 재미와 몰입 경험, 열매-이루고 싶은 직업(최소 다섯 개), 줄기-꿈을 이루기 위한 나만의 열정 문장(좌우명, 다짐, 응원)을 적습니다

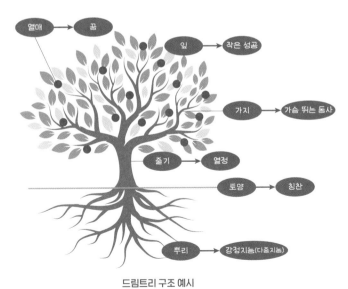

드림트리 구조 예시

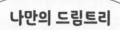

나만의 드림트리

♣ 나의 드림트리를 소개합니다

　드림트리를 완성한 후 이를 소개하는 글을 적어 봅니다. 드림트리를
토대로 나의 꿈과 진로에 대한 자기소개서를 써봐도 좋습니다.

part 2

이루고 싶어, 나의 진로

Q. 상상했던 것이 이루어진 경험이 있나요?

무언가 원하는 것을 상상했는데 이루어진 경험이 있나요? 그때의 느낌은 어땠나요?
친구 관계나 어떤 상황이 내가 원하는 대로 잘 흘러간 경험도 좋습니다. 떠오르는 경
험이 있으면 적어 봅니다.

예) 새 핸드폰을 갖는 상상을 했는데 평상시라면 바꾸어 줄 리 없는 부모님이
뜻밖에 먼저 "핸드폰 바꾸어 줄까?"라고 물어봐서 깜짝 놀랐다.

상상의 힘 : 상상하기를 통해 꿈을 이룬 사람들

'생각이 현실이 된다.'는 말을 들어 본 적이 있나요?

'Thoughts Become Reality(생각이 현실이 된다.).'라는 개념은 다양한 문화와 철학적 전통을 거치며 오랫동안 많은 사람이 지지해 왔어요. 이 문장은 우리 생각과 언어가 실제로 삶에 얼마나 큰 영향을 미칠 수 있는지를 알려줘요.

생각은 언어로 표현되고 언어는 행동으로 드러납니다. 반복되는 언어와 행동은 습관이 되고, 습관은 곧 그 사람의 인격과 성격의 바탕이 될 뿐 아니라 그대로 현실에 반영돼요.

마이크로소프트 회장 빌 게이츠는 10대 시절부터 세계의 모든 가정에 컴퓨터가 한 대씩 설치되는 상상을 했고 또 반드시 그렇게 만들고야 말겠다고 외쳤습니다. 그것이 세계적인 기업의 시작이었습니다.

무명 시절 월트 디즈니는 아침에 잠에서 깨면 두 눈을 지그시 감고 할리우드 최고의 영화감독이 된 자신의 모습을 생생히 그렸습니다.

그리고 관자놀이에 검지를 대고 이렇게 외쳤어요.

"내 상상력이 현실을 만들어 낸다. 나는 할리우드 최고의 영화감독이다."

이후 그는 정말로 할리우드 최고의 영화감독이 되어 디즈니 영화사를 차렸어요. 한 회사의 사장이 된 뒤에는 매일 아침 7시 30분이면 전 직원과 함께 상상하기 연습을 했어요. 그리고 마침내 세계 최초의 테마파크인 디즈니랜드 설립까지 이루어 냈지요.

긍정적인 생각을 하면 그에 걸맞은 결과를 이끌어 내기 위해 노력하게 되고 결국 꿈이 현실로 이루어지게 됩니다. 부정적인 생각을 하면 당연히 그 반대가 되지요.

실제로 경험하지 않은 현상이나 사물을 마음속으로 그려 보는 힘을 상상력이라고 해요. 이 상상력이야말로 긍정적인 미래를 그려 나가는 원천입니다.

무엇이든 좋아요. 허무맹랑하고 엉뚱한 상상도 좋아요. 여러분이 어른이 된 미래, 그 상상이 이루어져 있을지도 모릅니다.

102

Q. 나도 모르게 부정적인 결과를 상상하고 있지는 않나요?

내가 하는 생각이 현실로 이루어진다는 이야기를 방금 나누었어요. 그런데 나도 모르는 사이 부정적인 생각, 부정적인 결과를 상상하고 있지는 않나요? '아무리 공부해도 성적은 안 오를 거야.' '어차피 해도 안 될 거야.'처럼 혹시 나도 모르게 부정적인 생각과 말을 하고 있지는 않나요? 그런 부정적인 생각이 있다면 적어 봅니다.

Q. 무언가를 구체적으로 상상해 본 적이 있나요?

꼭 이루고 싶은 것들이 있나요? 기말고사에서 평균점수를 5점 올리고 싶다거나 원하는 대학에 들어가서 스페인으로 1년간 교환학생을 가보고 싶다거나 나중에 어른이 돼서 우리 집을 짓는다면 마당은 이렇게, 창문은 저렇게 해야지 하는 것처럼 가까운 미래도 좋고 먼 미래도 좋아요. 지금 그런 상상을 해보세요.

상상하면 이루어져요.

상상의 힘을 키우는 3가지 방법

상상하기의 첫 번째 방법은 '상상이 실현되었을 때의 이미지를 언어로 표현하는 것'입니다.
'살 빼야지.' '살 빼야 하는데.'라고 자꾸 생각하다 보면 무엇에 집중하게 되나요? '살'에 집중하게 되죠. 그럴 게 아니라 '건강한 몸', '좀 더 매력적인 나의 모습'에 초점을 맞추라는 거예요. 되고 싶은 모습이 더 실감 나게 그려질 거예요.

상상하기의 두 번째 방법은 '구체적으로' 상상하는 것입니다.
막연하게 '해외여행 가고 싶다.'라고 하기보다 언제쯤 누구와 어느 나라, 어느 도시로 며칠 동안 갈지, 거기 가서 어떤 음식을 먹고 어떤 경험을 할지 구체적으로 상상해 봅니다.

가장 중요한 세 번째 방법은 'Feel Good'입니다.
마치 실제로 그 일이 이루어진 것처럼 '좋은 기분', '행복한 감정'을 느끼는 데 초점을 두는 거예요. 지금 그 상상이 정말로 이루어졌다고 생각하고 감정까지 생생하게 상상해 보는 것이지요.

Q. 구체적으로 상상해 봤다면 관심을 기울이고 알아볼까요?

공부를 잘하고 싶나요? 가고 싶은 대학이나 과가 있나요? 갖고 싶은 물건, 가보고 싶은 장소가 있나요? 그것에 관심을 기울이고 알아보도록 합니다.

♣ 주제 :

♣ 알아본 내용 :

Q. 미래일기 쓰기를 통해 상상하기를 연습해 볼까요?

구체적으로 상상할수록 상상은 더 쉽게 현실이 됩니다. 미래일기 쓰기로 연습해 볼까요?

♣　년　월　일　일기

★ 아침 10시의 내 모습

(어디서 무엇을 하고 있나요? 누구와 함께 있나요?)

★ 정오의 내 모습

(어디서 무엇을 하고 있나요? 누구와 함께 있나요?)

★ 저녁 6시의 내 모습

(어디서 무엇을 하고 있나요? 누구와 함께 있나요?)

모닝 커피로 하루를
시작하는 나, 멋지다~!

part 3

꿈에 도달하는 최고의 방법

Q. 나는 나를 얼마나 믿어 주고 있나요?

100% 기준으로 몇 %일까요? 그렇게 생각하는 근거는 무엇인가요? 내가 나를 온전히 믿어 준다고 생각하면 어떤 기분이 드나요?

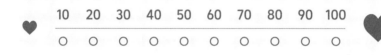

♣ 점수를 준 이유

_____

_____

_____

_____

_____

_____

_____

"나는 나를 100% 신뢰하고 있어."라고 소리 내어 말해 봅니다. 앞으로도 내가 나를 이렇게 믿어 준다면 나의 일상, 꿈과 진로에 어떤 영향이 있을까요?

Q. '나는 할 수 있다.'라고 굳건하게 믿어 볼까요?

스스로에 대해 '긍정적인 생각과 믿음'을 가져 보세요. 마음속 깊은 곳에 '나는 할 수 있다.'라는 생각과 믿음이 자리 잡는다면 꿈을 발견하고 나만의 길을 걸어가는 데 큰 힘이 될 거예요. 내가 이루고 싶은 긍정적인 결과를 '나는 할 수 있다.'라는 말과 함께 쓰고 읽어 보세요.

☆ 나는   이번 중간고사에서 평균 10점을

            올리겠다. 나는   할 수 있다.

☆ 나는

                                할 수 있다.

☆ 나는

                                할 수 있다.

☆ 나는

                                할 수 있다.

Q. 눈치를 보느라 멈칫거린 적이 있나요?

다른 사람을 의식하느라 내가 하고 싶은 일을 못 하고 있지는 않나요? 그런 일이 있다면
적어 보세요. 그리고 언젠가 용기 내어 그 일에 도전하겠다고 선언해 봅니다.

♣ 다른 사람을 의식하느라 못 한 일 적어 보기

예) 먹방 유튜브 찍어 보기

♣ 용기 내어 도전하겠다고 문장으로 선언하기

예) 이번 방학에는 어설프더라도 나만의 유튜브를 찍어 부겠어.

어릴 때 잠깐 해본
발레를 다시 할 테야!

다른 사람이 보는 나도 무척 중요하지요.
하지만 그보다는 내가 나를 어떻게 보는지가 더 중요해요.
다른 사람의 시선에 대해 다시 생각해 볼 점은 없을까요?

상대에게 좋은 모습을 보이고 싶어서
억지로 하기 싫은 행동을 하며 눈치 볼 필요는 전혀 없어요.
남의 뜻에 무조건 따르거나 남에게 맞추려고 든다면
그건 노예와도 같은 태도라고 할 수 있어요.

내가 소중하다고 해서 남을 무시해서도 안 되지만
상대가 소중하다고 해서 나를 무시해서도 안 됩니다.

눈치 보느라 내 마음의 에너지가 불필요하게
소진되지 않아야 해요.
특히 꿈과 진로의 영역에서는 '눈치 보지 않는 나',
조금은 고집스러울 만큼 '당당한 나'가 되어야 합니다.

할 수 있다!

나는 할 수 있다.
나는 눈치 보지 않는다.

이 문장 혹은 내 꿈을, 마음속에 간직하며
나 자신을 응원해 주면 좋겠어요.
움츠러들고 자신감이 떨어질 때마다
이 문장들을 기억하고 스스로에게 말해 주세요.

"그래. 나는 할 수 있어.
정말 내가 원하는 일을 하기 위해 이제 눈치 보지 않아.
더는 미루지 않아. 지금 해볼 거야."

Q. 꿈을 위한 독서 리스트를 만들어 볼까요?

꿈과 진로와 관련된 독서 리스트를 만들어 봅니다. 이미 읽은 책이라면 독서 이력을 정리
한다는 의미에서, 아직 읽지 않은 책이라면 독서 계획을 세운다는 의미에서 적어 보세요.

♣ 독서 이력서(꿈, 진로와 관련하여 내가 읽은 책)

♣ 독서 계획서(꿈, 진로와 관련하여 읽고 싶은 책)

책만큼 가장 간단하고도 다양하게
진로를 모색할 수 있는 방법은 없습니다.
관심이 가는 분야가 있다면 그 분야의 책을 읽어 보세요.
두세 권만 읽어도
그 분야에 대해 많은 지식과 정보를 쌓을 수 있어요.
책을 통해 배경지식을 쌓으면 쌓을수록
더욱 생생하고 큰 그림을 그릴 수 있답니다.

Q. 꿈을 위한 나만의 폴더를 만들어 볼까요?

컴퓨터 바탕화면에 나만의 '꿈 폴더'를 하나 새로 만들고 꿈과 진로와 관련된 자료를 모아 보세요. 지금 바로 한번 해볼까요? 나만의 '꿈 폴더'의 이름은 뭐라고 하면 좋을까요?

예) ○○의 드림 프로젝트, 이루고 말 테다 등

이루자 폴더

Q. '내일 해야지.' 하고 미룬 일을 다음 날 정말 한 적이 있나요?

우리는 흔히 말합니다. "내일 해야지." 그런데 막상 내일이 되면 어떤가요? '내일 해야지.'
라는 '생각'으로 인해 오늘 할 일을 놓친 경험이 있다면 적어 봅니다.

Q. 꿈과 진로를 위해 오늘 내가 할 수 있는 일이 있나요?

관심 있는 분야에 대해 검색을 해보거나 책을 읽거나 운동을 하는 등 할 수 있는 작은 실천이 무척 많습니다. 또 무엇이 있을까요?

Q. 꿈을 위해 지금 바로 행동해 볼까요?

'내일' 혹은 '나중에'가 아닌 '지금' 한다고 스스로에게 말해 보세요. 오늘 바로 당장 할 수 있는 작은 것들을 실천하는 습관을 들이는 연습을 해봅니다.

♣ 연습 1)

15분 안에 할 수 있는 일이 있다면 미루지 말고 즉시 해봅니다.

예) 책상 정리, 설거지, 방 청소, 이불 정리, 양치, 머리 감기, 간단한 숙제나 예·복습, 카톡에 답장하기 등

1. _____ / 실천 후 체크 ( )

2. _____ / 실천 후 체크 ( )

3. _____ / 실천 후 체크 ( )

바로 할 수 있는 일은
즉시 해보자냥~.

♣ 연습 2)

내 꿈과 진로를 위해 오늘 당장 시작하고 지속해야 할 일이 있다면 적어 봅니다. 미루

지 말고 즉시 해봅니다.

예) 영어 공부, 책 읽기, 그림 그리기 연습, 글쓰기 연습, 악기 배우기, 운동하

기 등

1. _____ / 실천 후 체크 ( )

2. _____ / 실천 후 체크 ( )

3. _____ / 실천 후 체크 ( )

이제 곧 시험인 것을 알지만
공부는 너무 하기 싫고, 미룰 수 있을 때까지 미루고만 싶어집니다.
그런데 막상 그러고 있으면 기분이 어떤가요?
마음이 불안하고 찜찜하죠?
그래서 놀고 있어도 즐겁지가 않아요.
그럴 때 차라리 에잇, 하고 책상에 앉아 공부를 시작하면
마음이 편안해져요. 비록 금방 딴짓을 하게 되더라도 말이지요.

구체적으로 꿈을 그리기 위한 방법으로
앞에서 'Feel Good'을 소개했어요.
정말로 지금 그 꿈이 이루어졌다고 생각하고
감정까지 생생하게 느껴 보는 방법이지요.

이를 실천하는 가장 좋은 방법이 바로 'Action'을 하는 것입니다.
내가 상상한 미래를 위해
지금 당장 할 수 있는 일을 해보세요.

만약 성적 향상이 지금의 목표라면,
성적을 올렸을 때를 상상하면서
책상에 앉아 공부하기 시작한다면 더욱더 의욕이 생겨날 거예요.
상상이 현실의 행동과 연결되면 더욱 강력하고
실제적인 감정을 느낄 수 있습니다.
그리고 그런 감정은 다시 행동을 위한 에너지가 되지요.
'지금' 하면 이처럼 선순환의 루틴이 만들어져요.

Q. "나는 나다. 그 자체로 충분해."라고 적어 볼까요?

따라 적어 보고 말해 봅니다. 소중한 나에게 하고 싶은 말을 편지 쓰듯 전해 줘도 좋습니다.

나 자신보다
소중한 건 없어.

마음, 공부, 진로 모든 영역에서 가장 소중한 것은
바로 나 자신입니다.
내가 나인 것만으로도 충분하다는 생각이
내 마음의 토대에 굳건히 자리 잡는 것이 중요합니다.
내 마음이지만 내 뜻대로 되지 않을 때가 많고
공부도 꿈을 찾아가는 것도 쉽지 않을 수 있습니다.

하지만 나라는 존재 자체가 행운입니다.
온 우주의 시공간을 곱한 숫자만큼 나라는 존재가 기적입니다.
나의 일상이 기적입니다.
그런 의미를 가득 담아 "나는 나다. 그 자체로 충분해."라고 말해 봅니다.

카르페 디엠 : 미래를 위해 오늘을 희생하지 않기

'미래의 행복을 위해 공부한다.'
'미래에 좋은 직업을 갖기 위해 오늘은 힘들어도 참고 견딘다.'
지금 불행하고 힘든데 미래에 행복할 수 있을까요. 그런 미래는 상상이 아닌 허상입니다. 미래를 상상하며 오늘도 행복할 수 있어야 해요. 무조건 참기만 하며 미래를 위해 걸어간다면 그건 제대로 된 진로라고 보기 어렵습니다. 나아갈 길을 제대로 설정하면 지금 이 순간을 충실히 보내면서 기쁨과 뿌듯함을 느낄 수 있습니다.

〈죽은 시인의 사회〉(피어 위어 감독, 로빈 윌리엄스 주연)라는 영화에서 키팅 선생님이 자기 반 학생들에게 이렇게 말합니다.

"카르페 니엠!"

라틴어로 '지금 이 순간을 충실하라'라는 의미입니다.
오늘, 지금 이 글을 읽는 순간 '카르페 디엠!'을 외쳐 봅니다.
오늘이라는 말은 '오~' 하는 감동으로 '늘~' 지금 여기를 산다는 뜻으로 풀이할 수 있습니다. 카르페 디엠과 같은 의미라고 할 수 있겠죠?
카르페 디엠을 기억하며 오늘을 살아가는 나.
어떤가요. 매일 그런 나를 상상하면서 실천하고 나아가 봅니다.

이제 시작이야,
우리를 나아가게 하는 건 물음이야

우리를 나아가게 하는 것은 정답이 아니라
물음이라는 것을 기억해요.

어떤 물음을 만나느냐가 꿈을 결정한다는 것을
기억해요.

나의 현 위치가 어디인지, 내가 어디로 가야 할지
모르겠다 싶을 때
지금 내게 알맞은 정답은 뭘까 하고 묻는 대신
지금 내가 해야 할 물음은 뭘까, 생각해 봐요.

이제 시작이에요.
물음과 함께 꿈과 진로를 발견하고 키워 가길,
우리 친구들만의 인생 물음을 만나길 바라요.

쓰면, 찾게 되지
내 진로

초판 1쇄 인쇄 2024년 1월 26일
초판 1쇄 발행 2024년 2월 5일

지은이 이종희 **펴낸이** 김종길
펴낸 곳 글담출판사 **브랜드** 글담출판

기획편집 이경숙·김보라 **영업** 성홍진
디자인 손소정 **마케팅** 김지수 **관리** 이현정

출판등록 1998년 12월 30일 제2013-000314호
주소 (04029) 서울시 마포구 월드컵로8길 41 (서교동 483-9)
전화 (02) 998-7030 **팩스** (02) 998-7924
블로그 blog.naver.com/geuldam4u **이메일** to geuldam@geuldam.com

ISBN 979-11-91309-55-3 (44190)
       979-11-91309-38-6 (세트)

만든 사람들 ────────────────
책임편집 이경숙

글담출판에서는 참신한 발상, 따뜻한 시선을 가진 원고를 기다리고 있습니다. 원고는 글담출판
블로그와 이메일을 이용해 보내주세요. 여러분의 소중한 경험과 지식을 나누세요.